Croktou
à l'école

L'auteur

Très inventive et douée d'une prodigieuse aisance d'écriture, Jacqueline Held crée des histoires pour les enfants depuis plus de trente ans. Elle n'a pas son pareil pour inventer des textes à rimes et à jeux de mots, à la façon des comptines. Très célèbre dans l'univers du livre pour enfants, elle a été récompensée par de nombreux prix.

L'illustrateur

Les jeunes lecteurs - et les autres - connaissent depuis longtemps l'univers graphique de Rosy dont ils apprécient les illustrations très colorées, drôles, expressives. Ancien directeur artistique des éditions Dupuis, Rosy dessine depuis toujours. Dans le monde du livre de jeunesse, depuis plus de vingt ans, il est vraiment archi-connu.

Cet ouvrage a été publié pour la première fois aux éditions Bordas en 1987.

Loi n° 49-956 du 16 juillet 1949 sur les publications destinées à la jeunesse : septembre 1999.

ISBN 2-266-09146-8
Imprimé en France par Pollina - 85400 Luçon - n° 80932

Jacqueline Held

Croktou à l'école

Illustrations de Rosy

POCKET jeunesse

Le loup Croktou aime beaucoup écouter les histoires le soir avec Marion et Mamie Manou.

Les histoires, on les trouve où ? demande Croktou.

– Dans sa tête.
Et aussi dans les livres,
répond Marion.

– Comme je voudrais savoir lire !
soupire Croktou.
– Pourquoi ? demande Marion.
– Pour te lire des histoires le soir,
dit Croktou.
Surtout des histoires pour

rire.

– Tu sais, dit Marion,
apprendre à lire
est un peu difficile.
Surtout...
euh... surtout
pour un loup.

– Pourquoi "surtout pour un loup" ?

Tu me prends pour un imbécile ?

Je suis un loup très intelligent

et très habile.

Le loup Croktou n'est pas content.
Il prend un air pas rassurant.

"Il est en colère",
pense Mamie
Manou.

Aussi, la voilà qui dit :
– Croktou a parfaitement raison.
Emmène-le à l'école, Marion.
La paresse est un vilain défaut :
même un loup ne lit jamais trop tôt.

Donc voilà le loup Croktou à l'école. La maîtresse de Marion s'appelle Nicole. Elle a l'habitude des enfants. Mais, des loups, elle n'en voit pas souvent :

– Bonjour, Madame, comment allez-vous ? dit poliment le loup Croktou.

– Euh... euh... bonjour, Monsieur Loup, dit Nicole en tremblant.

– Maîtresse, appelle-le

“Croktou”,

dit Marion. N’aie pas peur.
C’est un loup gentil comme tout.

chou
caillou
genou
hibou
pou

– Élève Croktou, levez-vous.
Aujourd'hui nous apprenons le son "ou". Sur le tableau que lisez-vous ?

Et voilà Croktou qui se met à lire :

Chou,

caillou,

genou,

hibou,

pou.

C'est un excellent élève.

Mais Croktou demande :

– Et “loup” ? “loup” aussi, c’est un mot en “ou”.

– C’est très bien, élève Croktou. Nous ajouterons le mot “loup”.

Maintenant, Croktou, Marion et les enfants sont en récréation.

– À quoi on joue ?

– Au loup ! Au loup !

– Loup Croktou, où es-tu ? Que fais-tu ? dit Denise.

Croktou fait une grosse voix :

– Je mets ma chemise.

– Loup Croktou, où es-tu ?
Que fais-tu ? dit Nicolas.

– Je mets mes bas.

– Loup Croktou, où es-tu ?
Que fais-tu ? dit Charlotte.

– Je mets ma culotte et mes bottes.

– Loup Croktou, où es-tu ?
Que fais-tu ? demande Jean.

– Je mets mes gants et…

je vous **mange.**

Et la classe recommence :
– Le loup mange le hibou, dit la maîtresse. Répétez.

– Maîtresse, dit le loup Croktou.

Eh bien quoi ?
Qu'est-ce qu'il y a ?
Qu'avez-vous ?

Le loup mange
le hibou.

le loup Croktou
mange beaucoup
de soupe au
chou.

– Moi, je ne mange pas de hibou, dit le loup Croktou. D'abord je ne mange plus jamais de viande.

L'élève Croktou écrit au tableau :

le loup Croktou
mange beaucoup
de soupe au
chou.

– Maman, j'ai peur, oh, oh, hi, hi... Mais enfin qu'est-ce que je fais ici

Quelle histoire ! Le Père Noël est tombé malade, en rentrant

– À table, Marion ! crie Mamie. Dépêche-toi, répète Mamie, j'ai une

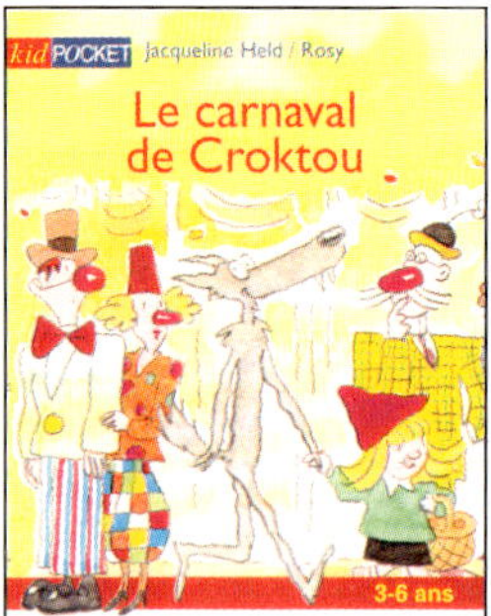

Dans la rue, en ce jour de fête, petits et grands voient une bête, une